APPENDICE

SOUS FORME DE JOURNAL

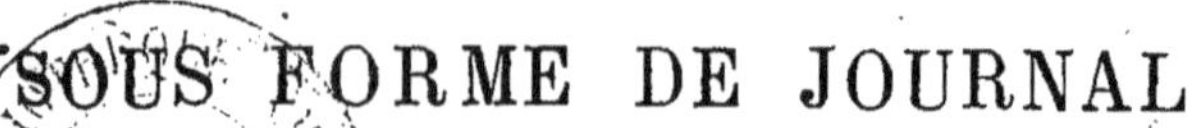

6 Décembre 1867.

On annonce le départ de Mgr l'archevêque pour la France, départ précipité. On en attribue la cause à l'adoption par le conseil municipal d'Alger, dans sa séance du 15 novembre, du principe des écoles communales, toutes, sans distinction de culte, exclusivement dirigées par des instituteurs laïques, et pour la construction aussi prompte que possible des bâtiments nécessaires.

Monseigneur, vivement ému d'une mesure qui supprime l'enseignement de la religion dans les écoles, en aurait, dit-on, exprimé son indignation dans des termes des plus forts, jusqu'à dire au maire, que, s'il encourageait la mesure ostensiblement, ou par indifférence, il lui déclarait qu'il espérait que son influence et sa mission à remplir en Algérie seraient plus fortes que la sienne, et que son conseil municipal pourrait bien avoir à regretter sa décision. Et au préfet, que les Frères de la Doctrine chrétienne ne partiraient pas de l'Algérie. — En ce cas, aurait répondu le préfet. « il vous faudra les armer de carabines. » — « Eh bien, oui, monsieur le préfet, ils s'en armeront, et moi aussi j'en prendrai une. »

Que veut donc le conseil ? Détruire tout enseignement religieux dans les écoles. Le réduire à la famille, qui en est incapable ; et quant à l'église, on entravera son action, on paralysera le désir et les moyens d'y aller. Il faudra rayer le nom de Dieu des livres donnés à la jeunesse.

Qu'en diront les musulmans, dont l'enseignement roule sur le Coran ?

Qu'en diront les israélites, dont l'enseignement roule sur le Talmud ?

Qu'en diront les protestants, dont l'enseignement roule sur la Bible ?

Et pourtant aucun des membres appartenant à ces cultes n'a protesté contre cette décision. Et pourquoi ? c'est qu'ils garderont leurs enfants dans leurs écoles, et que l'atteinte si profonde envers le catholicisme leur importe peu.

D'ailleurs, à ces écoles, on n'y touchera pas, on s'en garde bien. Mais quant aux catholiques, c'est différent.

Les culte dissidents, eux, vivent dans une sécurité trompeuse ; gare le réveil ! l'avenir le leur apprendra comme à nous.

Des écoles communales laïques ? Mais il y en a trois qui comptent près de mille élèves garçons.

Des cours du soir sont faits par des Frères de la Doctrine chrétienne, Des israélites aussi bien que des musulmans, mais en bien petit nombre, n'ont pas craint de les suivre jusqu'au jour où le conseil municipal en a interdit l'entrée, bien qu'on ne cherchât pas à leur enseigner la religion chrétienne, et on avait raison.

Dès avant le jour du vote pour les élections, les candidats conseillers les plus hostiles, avaient déjà, de notoriété publique, décidé la chose en conciliabule.

« Dans la première session qui s'ouvrira, avaient-ils dit, nous propose-
« rons l'enseignement libre, que nous définirons ainsi : Ecoles essentielle-
« ment laïques pour tous les enfants, à quelque nation et religion qu'ils
« appartiennent. Satisfaction donnée sur ce point, de toute nécessité il
« faudra la réforme des livres classiques, où sera supprimée toute pensée
« religieuse. L'enseignement sera purement scientifique ; puis enfin, ce
« nouveau résultat obtenu, nous demanderons l'application du système à
« l'égard aussi des filles et salles d'asile.

« Quant aux religions, elles seront du domaine de la famille et des
« hommes exclusivement chargés de les enseigner, si cela leur plaît. »

Décidément, on sent que Rome est en baisse, que Garibaldi relève la tête en attendant qu'il entonne un nouveau chant de départ.

---

10 Août 1868.

Le rapport, pas plus que la discussion du conseil, séance du 15 novembre, ne furent publiés ailleurs que dans le *Courrier de l'Algérie*, qui en fit l'apologie.

Dans le *Moniteur de l'Algérie*, nous trouvons, dans le sommaire des séances de 27 et 30 décembre, la mention suivante : « *Le conseil, après la communication de la lettre de Mgr l'archevêque d'Alger, maintient à l'unanimité sa première décision relative aux écoles mixtes* (1). »

Les choses en étant à ce point, le journal hebdomadaire (*Echo de Notre-Dame d'Afrique*, nᵒˢ 17 à 23) inscrit un article réfutatif du rapport du conseiller municipal César Bertholon, article de J. Depoissier, laïque, précédé du préambule qui suit, du rédacteur de l'*Echo*.

Des Écoles appelées Mixtes.

« Le 15 novembre 1867, un rapport était publié sous la signature de
« M. D...., et par ses conclusions excitait les légitimes réclamations de tous
« ceux qui ont à cœur les intérêts moraux de l'Algérie. Si la question paraît
« présentement assoupie, grâce au bon sens public, les sophismes dont on a

---

(1) Ce journal, qui est l'*Officiel de la Commune*, n'a pas publié *in extenso* la séance en ce qui concerne le rapport. Ce document se trouve dans le *Courrier de l'Algérie* des 24, 25 et 26 janvier 1868.

« voulu s'étayer subsistent toujours ; il n'est donc point inopportun de
. donner le coup de grâce et d'en finir avec eux une bonne fois. C'est ce
« que va faire, nous l'espérons, le travail dont nous commençons la publi-
« cation, travail dû à un esprit d'élite, à un homme qui consacra à l'en-
« seignement trente années de sa vie, auteur d'un important volume sur
« l'éducation de la jeunesse, laquelle du reste, et comme tel, incapable
« d'offusquer MM. les libres-penseurs, si quelques-uns d'aventure étaient
« venus s'installer parmi nous. Il nous semble difficile de répondre aux
« arguments du docte écrivain. Le lecteur va en juger.

Lettre à M. B.... Rapporteur.

Au pays des Aveugles, les Borgnes sont rois.

(Proverbe d'un certain âge.

MONSIEUR,

Ici l'auteur dont nous regrettons de ne pouvoir, par son étendue reproduire l'article entier, prend le rapport pièce à pièce, mot par mot et en
démontre l'insanité.

N'ayant pu nous procurer le rapport, nous allons en présenter les frag-
ments principaux.

« Les établissements consacrés à l'instruction primaire et à la protection
« de l'enfance, y est-il dit (ce sont les asiles sans doute), sont loin de ré-
« pondre à votre sollicitude et aux légitimes prétentions des familles.....

« D'autres réclamations que nous avons sous les yeux, faites en faveur
« d'écoles distinguées par des *dominations religieuses,* révèlent, dans l'orga-
« nisation de l'enseignement communal, l'absence regrettable de toute
« pensée d'ensemble et de direction uniforme.......

« Nos écoles, installées au fur et à mesure que le besoin s'en faisait
« sentir..... ne sont plus en rapport avec les exigences d'une population
« plus nombreuse, plus prospère, et nos devoirs envers nos jeunes conci-
« toyens.......

« Des locaux affectés à ces établissements et disposés dans des quartiers
« qui laissent beaucoup à désirer..... quelques-uns sont dans un état de
« dégradation qui attriste. Il y en a d'autres où les enfants, entassés dans
« un étroit espace, sont condamnés au supplice d'une lente asphyxie.....
« L'enfance c'est l'avenir.......

« La bonne direction des études exige une répartition plus égale, un clas-
« sement plus rationnel des élèves, et surtout un système d'enseignement
« calculé sur les exigences de la vie de travail qui les attend.......

« Les populations vouées à l'œuvre de la colonisation sur cette terre
« algérienne ont une rude mission à remplir. Il faut y préparer les esprits
« et les cœurs, former des générations énergiques, qui ne se laissent ni

« rebuter par les obstacles ni abattre par les revers ; imprimer dans l'âme
« des enfants, par une éducation virile, avec les saines notions du droit et
« du devoir, le sentiment profond des destinées de cette seconde France, qui
« est leur berceau et leur espoir, afin qu'ils aient la volonté et la force d'en
« poursuivre avec fermeté le glorieux accomplissement.

« Il faut leur enseigner *cette morale sociale* que reconnaissent toutes les
« religions, mais qui ne relèvent nécessairement d'aucun dogme, d'au-
« cune révélation.

« Il faut une organisation meilleure qui favorisera l'intelligent et infa-
« tigable dévouement des instituteurs, en réduisant de huit à quatre le
« nombre des écoles de garçons actuellement existantes.......

« Mais pour atteindre le but que nous devons nous proposer, pour pré-
« parer les éléments si divers dont se compose la population algérienne
« à se confondre dans un tout compact et indissoluble, à n'être plus enfin
« qu'une famille française abritée sous le même drapeau, il faut un système
« d'instruction primaire plus rationnel, plus libéral et plus indépendant des
« influences de cultes et de races.......

« Nous avons des écoles catholiques, protestantes, israélites, musul-
« manes....; d'écoles vraiment communales, nous n'en avons pas ! »

Au sujet de l'enseignement religieux, le rapporteur dit : « Que cet ensei-
« gnement soit donné, selon le vœu des chefs de famille, par le ministre
« du culte, rien de plus juste et de plus raisonnable ; leur parole n'aura
« rien à perdre à avoir une bonne instruction pour auxiliaire. . . . .

. . . . , . . .

« L'école communale, entretenue par les derniers de tous, doit être ou-
« verte aux enfants de tous ; elle ne peut avoir aucun des caractères
« particuliers qui indiquent la prééminence d'un culte, afin que les parents
« puissent y envoyer leurs enfants sans avoir à redouter les entreprises
« d'un prosélytisme qui blesserait leur conscience.

« Ici (dans l'école communale, plus que partout ailleurs), il y a une
« distinction à établir entre l'enseignement moral et l'enseignement dog-
« matique. Ce dernier n'est pas dans les attributions de la commune. Il
« appartient à la famille exclusivement.

« Nos lois proclament nos cultes libres ; nos mœurs veulent la cons-
« cience inviolable.

« C'est ici en Algérie surtout, je le répète, que l'application de ces prin-
« cipes est une justice et une nécessité.

« Alors sur les mêmes bancs, dans le partage des mêmes jeux et des
« mêmes études, sous l'influence de sages leçons, s'éteindra peu à peu l'es-
« prit d'antagonisme et de préventions dont les pères ont pu être animés.
« Dans ce contact familier et ces naïves expansions, cédant à un invincible
« instinct, à cette attraction naturelle dont les cœurs ne sauraient se dé-
« fendre, les enfants se sentiront pénétrés du sentiment de la solidarité de
« leurs destinées, et ce sentiment se réveillera plus tard dans leur esprit
« puissant et secourable, au fur et à mesure que les phases successives
« de la vie en feront sentir le charme et la nécessité.

« Je ne crois pouvoir m'étendre davantage ; vous me permettrez seule-
« ment de vous rappeler que l'école mixte exclusivement laïque existe et
« fonctionne avec succès en Irlande, dans le haut Canada, en Australie, en
« Hollande, aux États-Unis, et que, grâce à elle, l'Amérique du Nord a pu

« organiser l'admirable système d'enseignement qui fait sa force et sa pros-
« périté (1).

« Sous l'empire de ces considérations, votre commission avait décidé de
« vous soumettre une proposition ayant pour objet la réforme de l'ensei-
« gnement communal et la création de maisons-écoles.

« 1° Réforme de l'enseignement communal ;

« 2° Création de maisons écoles ;

« 3° Ne point adopter pour Alger *a priori* le plan des maisons (commu-
« nales), écoles, uniformément adopté en France.

« Comme S. E. (le Gouverneur général), nous pensons que les écoles
« communales, aussi bien que les colléges, doivent être soustraites à la do-
« mination du clergé (2).

« Leur direction ne peut être confiée qu'à des instituteurs laïques, admis
« exclusivement en vertu de leurs titres universitaires. »

C'était sans doute pour se conformer à la loi que le conseil municipal,
dit M. Depoissier, a enlevé aux Frères les enfants israélites et musulmans
qui fréquentaient leurs écoles. Les Frères à Alger, dit Mgr l'archevêque
dans sa lettre du 6 décembre au maire, ont reçu des enfants musulmans et
israélites durant plusieurs années, et ils n'ont cessé de les recevoir que
lorsque l'administration municipale a cru devoir créer des écoles spéciales
pour ces deux cultes (3).

Des écoles mixtes ont donc été en plein exercice à Alger ; seulement, on
n'y enseignait pas la morale sociale que reconnaissent toutes les religions
et que M. Bertholon ne définit pas. La religion n'était pas bannie des écoles.

Enfin, M. Depoissier, après avoir combattu pas à pas les doctrines de son
adversaire, termine par la démonstration la plus lumineuse des impossibi-
lités pratiques.

Puis, M. Bertholon rentre dans la lice et prend à partie le rédacteur de

(1) M. J. Depoissier, auteur de la réplique à M. B..., déclare que ce dernier se
trompe, que c'est le contraire qui a lieu dans les pays qu'il cite. M. de Tocqueville,
l'éminent auteur de *la Démocratie en Amérique* dit qu'il n'y existe que fort peu de
familles irréligieuses; que toutes les religions se respectent entre elles, et que
n'en point avoir est une cause de déconsidération.

(2) Extrait de la lettre de M. le Gouverneur général, du 14 octobre 1868 :
« L'enseignement des écoles restera essentiellement français, sans préjudice au-
« cun pour l'enseignement purement religieux, qui sera donné aux enfants des
« diverses communions par un ministre de leur culte, prêtre catholique, pasteur
« protestant, taleb ou rabbin. Des dispositions seront prises pour donner, sous ce
« rapport, la satisfaction la plus complète aux familles. C'est conformément à la loi
« qui dit : Dans les communes où différents cultes sont professés publiquement,
« *des écoles séparées* sont établies autant que possible pour les enfants apparte-
« nant à chacun des cultes. »

(3) Ici, Mgr l'archevêque a été mal renseigné. Les enfants de ces cultes ne
manquaient point d'écoles spéciales; mais quelques adultes recherchaient les
cours du soir des Frères, qu'on a fini par leur interdire, sous le prétexte de ména-
gement politique des vainqueurs sur les vaincus, et nullement par plaintes des
familles. M. Bertholon donne aussi à la circulaire du gouverneur général une
portée qu'elle n'a pas, puisqu'il ne s'agit que de création de nouvelles écoles mixtes,
tout en respectant celles établies pour chaque culte. Et voilà comment l'erreur ou
la duplicité s'accréditent. (LAMY.)

l'*Echo*, en ces termes : « *Je ne connais qu'une morale : la morale des bonnes*
« *gens, par laquelle personne n'a songé à prendre brevet, qu'aucun fanatisme ne*
« *peut proscrire, aucun despotisme altérer ; qui enseigne la justice, la tolérance et*
« *la fraternité, qui unit au lieu de diviser* (1). »

Nous avons connu *la morale des bonnes gens*, alors qu'ayant quitté les
bancs de l'école, entrant dans la vie pleins des dons de Dieu, nous l'ou-
bliions et trouvions plus commode de nous faire une morale appropriée à
nos passions ; le Dieu des bonnes gens de Béranger, *le verre en main*, le
Dieu d'Épicure qui autorise tout pour la satisfaction de la chair, pourvu
que l'œil du gendarme ne soit pas braqué sur soi.

M. l'abbé Postel répond au Dieu des bonnes gens de M. Bertholon par
la définition des mots : Liberté, égalité, fraternité, écrits sur les murs d'une
époque néfaste. (*Echo*, nº 24.)

La question en est là, et nous verrons ce que l'avenir nous réserve. Déjà
aux symptômes qui se manifestent à l'endroit des écoles chrétiennes, il est
rassurant. Au défi jeté à l'enseignement catholique, il y a été répondu par
l'ouverture, rue Napoléon, d'une école privée dirigée par les Frères, qui,
au 8 août, jour de distribution des prix, comptait cent soixante élèves, et
en aurait même davantage n'était l'étroitesse des locaux.

JUIN 1869.

Incident de l'École de la rue Doria, dirigée par les Frères.

Le directeur de cette école envoyé à Bouffarick, en 1868, le recteur,
continuant à suivre les errements du passé, crut, sur la demande du directeur en chef de la congrégation d'Alger, pouvoir remplacer le directeur
partant par un autre Frère remplissant les conditions voulues par la loi,
en puisant dans le personnel disponible, sans l'initiative du maire, qui n'en
fut informé que par la présentation de l'état mensuel de solde qui dénon-
çait la mutation. Grand émoi, et pourtant le recteur n'avait usé que du
droit qu'il tenait de la loi de 1852 (2). Le conseil est réuni. Les termes de
sa délibération sont curieux à connaître, car ils témoignent d'une hostilité
bien déclarée à l'endroit du personnel des congrégations ; en voici les
termes :

(1) La religion du Christ enseignée par son Église ne dit pas moins.

(2) Jurisprudence. — Le recteur rentré dans ses attributions a seule qualité pour
procéder aux mutations et ne prend pas sur ce point l'avis des conseils municipaux.
(Circulaire du ministre de l'instruction publique, par suite d'une interpellation faite
le 2 mars 1833.)

ÉCOLES. — Séance du 20 mai 1868.

(Moniteur du 22 août 1860. N° 196.)

DÉPENSES.

« Votre commission a accueilli avec satisfaction la proposition de M. le maire de déclarer dès à présent toutes les écoles entretenues par la commune, écoles mixtes, devant recevoir les enfants de toutes les religions, la même mesure devant être appliquée aux enfants en bas âge.

« On ne comprend pas pourquoi les jeunes enfants protestants auraient un asile particulier, quel danger il y aurait à ce qu'ils fussent mêlés à de jeunes enfants catholiques ; pour les asiles aucune difficulté ne peut se présenter. »

— Le conseil maintient ses décisions relatives aux écoles. —

« Une demande a été faite par les habitants de la cité Bugeaud, pour réclamer une école et faire déclarer communale l'école créée par le curé de la localité ; fidèles à votre décision sur les écoles, reconnaissant d'ailleurs l'utilité d'une école à la cité Bugeaud, école que la vente de terrains va nous permettre de construire bientôt, la commission vous propose de décider la création d'une école mixte tenue par un instituteur laïque, et d'inscrire à cet effet au budget 1869 une somme de 2,000 fr. pour le traitement de cet instituteur. »

« Un membre fait observer qu'en ce qui concerne la proposition faite par M. le maire, pour déclarer mixtes les écoles actuellement existantes, le conseil doit maintenir d'une manière absolue le principe posé dans la délibération du 15 novembre, à laquelle, jusqu'à ce jour il n'a été donné aucune suite.

« Il demande qu'une commission soit nommée pour rechercher, et examiner les moyens d'arriver à la création immédiate d'une ou de plusieurs écoles mixtes dans la ville. Selon lui, les ressources budgétaires sont suffisantes et on peut arriver à cette création par une nouvelle organisation de l'enseignement primaire, qui, sous le rapport matériel et économique, laisse tant à désirer.

« Il est répondu par d'autres membres que le principe de création d'écoles mixtes tel qu'il a été posé, dans la délibération du 15 novembre dernier, est de nouveau affirmé par le rapport de la commission et maintenu par tout le conseil, et qu'une nouvelle déclaration est inutile et semblerait mettre en doute le principe par lequel l'unanimité du conseil s'est prononcée à diverses reprises.

« Le conseil approuve la proposition de M. le maire, ainsi que le rapport de la commission, tenant à déclarer mixtes les écoles actuellement existantes dans la commune, maintient le principe posé dans sa délibération du

15 novembre, et désigne pour faire partie de la commission chargée d'examiner les moyens d'arriver à la plus prompte création d'une ou de plusieurs écoles mixtes : MM. Robe, Lair, Bertholon, Robinot, Bertrand, Marion, Cohensolal, et Mamoud ben Abdeltif.

« En ce qui concerne l'école de la rue Doria, réservée dans le rapport de la commission, un membre fait observer que, dans le courant du mois de mars dernier, le Frère directeur de cette école a donné sa démission (1), que ce directeur a été presque immédiatement remplacé par un autre frère, sans que le conseil municipal ait été consulté, conformément à la loi, à l'effet de savoir s'il entendait conserver cette école sous la direction des Frères congréganistes ou sous celle d'instituteurs laïques ; en conséquence, il propose la suppression au budget du crédit afférent au traitement des Frères de cette école, jusqu'à ce que le conseil ait été appelé régulièrement à se prononcer sur cette question.

« Un autre membre fait connaître que, d'après les renseignements qu'il a recueillis, la nomination du nouveau directeur de l'école de la rue Doria a été faite par le recteur de l'Académie, bien que cette nomination, aux termes de la loi du 14 juin 1854, appartienne à M. le Préfet ; ce qui semblerait indiquer que la législation sur l'instruction publique en Algérie est très-indécise, et en effet, bien qu'invoquées tous les jours, les lois métropolitaines du 15 mars 1850 et postérieures ne paraissent pas avoir été promulguées régulièrement en Algérie (2). C'est peut-être cette indécision qui a motivé cette nomination, sans l'intervention du conseil ; elle est peut-être due à d'autres circonstances résultant de la tendance des Frères à remplacer les directeurs des écoles en dehors des conditions réglementaires ; enfin surtout aussi à ce que la délibération du 15 novembre n'a pas été portée à la connaissance de M. le Recteur, étant restée jusqu'à ce jour sans réponse et sans solution.

« Un autre membre demande si, pour que la vacance d'une école dirigée par des Frères soit constatée et effectuée, il suffit que le directeur manque, ou bien s'il faut aussi que tous les autres fassent défaut.

« Il est répondu par d'autres membres que la question n'est pas douteuse ; la direction d'une école congréganiste est personnelle pour le frère qui en est chargé ; les autres, quel qu'en soit le nombre, ne sont qu'assistants. Donc, par suite de la démission du frère directeur de la rue Doria, cette école était réellement vacante et tombait sous l'application de la loi qui veut l'intervention du conseil municipal.

« Quant à l'observation présentée au sujet de l'indécision qui semblerait régner dans l'application en Algérie de la loi du 15 mars 1850, et de celles

(1) Avait été envoyé à Bouffarick.

(2) La loi organique des services administratifs en Algérie, du 16 août 1848, au titre *Gouvernement*, art. 2, porte ceci : « *La législation relative à l'administration de l'instruction publique en Algérie est celle qui régit la métropole, sauf les modifications qui seront reconnues nécessaires et qui seront arrêtées entre le ministre de l'instruction publique et celui de la guerre chargé de l'administration générale du pays.* »
L'art. 81 de la loi du 15 mars 1850 porte que : « *Un règlement d'instruction publique déterminera les dispositions de la présente loi applicables à l'Algérie.* » Ce règlement est encore à faire. Donc ce sont les lois de la métropole qu'il faut appliquer.

qui l'ont suivie, cette indécision ne peut être admise ; ces lois sont rapportées souvent dans les actes administratifs ; et dans tous les cas, à défaut de promulgation régulière, cette promulgation est implicitement reconnue par Son Excellence le Gouverneur général, dans sa nouvelle circulaire du 4 février dernier, dans laquelle sont précisément rappelées les dispositions relatives à l'avis préalable des Conseils municipaux dans les cas de vacances dans les écoles.

« Un autre membre ajoute que l'application, en Algérie, des dispositions qui régissent l'instruction publique dans la métropole ne peut faire doute, car l'arrêté du Chef du pouvoir exécutif du 16 août 1848, dispose, dans un art. : « que la législation relative à l'instruction publique, en Algérie, est « celle qui régit la métropole, sauf les modifications qui seront arrêtées de « concert avec le Ministre de l'instruction publique et celui de la guerre, « chargé de l'administration générale du pays. »

« Le décret du 2 août 1858 a fait passer le service de l'instruction publique dans les attributions du Ministre de l'Algérie et a abrogé l'arrêté du 16 août 1848 ; toutefois l'art. 4 ajoute : « Toutes les dispositions non « contraires au présent décret sont maintenues. »

« Il faut donc déduire de la comparaison de ces textes, que l'application à l'Algérie de la législation métropolitaine a été maintenue, et du reste, ce qui le prouve, c'est que la plupart des arrêtés survenus postérieurement au décret du 2 août 1858, relatifs à l'instruction publique, visent la loi du 15 mars 1850.

« Certainement personne ne peut suspecter la bonne foi et les bonnes intentions de M. le Recteur ; mais il a pu être induit en erreur.

« Le Conseil aurait dû être consulté, quand bien même la délibération du 15 novembre ne serait pas intervenue ou n'aurait pas été approuvée. Le Conseil, après ces observations, considérant que la nomination du Frère directeur de l'école de la rue Daria est illégale, sera supprimée à partir des vacances (1) prochaines, tant que le Conseil n'aura pas été régulièrement consulté sur le mode de direction à donner à cette école. »

Aucun avis de cette décision n'est donné au directeur de l'école, qui continue, comme par le passé, à faire tenir les classes, même pendant les vacances, à ceux des élèves que les familles continuent à y envoyer, et le refus d'ordonnancement du traitement est maintenu nonobstant cela.

En cet état, la question est portée à la connaissance et décision du Gouverneur général, qui, par lettre du 7 décembre, informe le Maire que la question de savoir si le Recteur a interposé ses pouvoirs, si, en d'autres termes, les lois de 1850, 1852 et 1854 sont rigoureusement applicables à l'Algérie, va être portée au Ministre de la guerre, et qu'en attendant, le Gouverneur général fera le traitement des frères sur le fonds colonial.

(1) Le 2 mars 1853, M. Fortoul, alors ministre de l'instruction pub'ique, qui, interrogé sur la question de savoir s'il était nécessaire de consulter les conseils à l'occasion des permutations, adressa aux recteurs une circulaire dans laquelle il est dit que les termes de la loi de 1852 ne s'appliquent pas aux permutations ou déplacements, qui peuvent toujours se faire sans l'avis du conseil municipal. C'est, ajoute-t-il, l'esprit aussi bien que la lettre de la loi.

(Séance du Conseil municipal, 8 décembre 1868, *Moniteur*, 24 mars 1869,
n° 69.)

En effet, dans cette séance, le Conseil est informé qu'un premier
douzième du traitement est ordonnancé.

Il est certain que jusqu'à ce jour, en Algérie, les municipalités se sont,
en bien des points, tenues en dehors des lois de la métropole. Et si mainte-
nant on les invoque littéralement, c'est plutôt par esprit d'antagonisme à
l'endroit des congrégations que par esprit de justice.

Dans la séance du 17 mars 1869, le rapporteur de la Commission perma-
nente des écoles, M. Bertholon, arrivant à la demande de suppression de
l'asile de l'Agha, développe sa pensée dans les termes suivants :

« Les bâtiments destinés à l'école des garçons, à l'école des filles et à
« l'asile de Mustapha étant achevés, ces écoles et ces asiles étant aujourd'hui
« installés, M. le Maire demande la suppression de l'école située à l'Agha,
« dirigée par Mlle Clément.

« Votre Commission, tout en appréciant les motifs d'économie invoqués
« par M. le Maire, n'a pu se résoudre à accepter cette suppression ; elle
« prie M. le Maire et le Conseil de prendre en considération l'état actuel de
« l'enseignement primaire des filles à Alger. »

« Cette école est la seule dont la direction soit confiée à une institutrice
« laïque; la fermer ne serait-ce pas porter nous-mêmes atteinte *au principe*
« *que nous avons posé*; *déclarer, en abolissant la seule école ouverte aux filles dont*
« *les parents repoussent l'école congréganiste*, que notre respect pour la liberté
« de conscience a faibli — et cela, pour obtenir sur le budget, une réduc-
« tion de dépense que l'on estime à 2,000 fr. ?

« Pour concilier toutes les exigences, celles du budget, celles des conve-
« nances et surtout celles plus *impérieuses des principes*, votre Commission
« propose de maintenir l'asile-école de l'Agha jusqu'au jour où, en créant
« une école communale de filles dirigée par des institutrices laïques dans
« l'intérieur d'Alger, aujourd'hui complétement privé, au grand regret
« d'un grand nombre de nos concitoyens, d'un établissement de ce genre,
« il nous sera permis de donner à Mlle Clément la place qu'elle mérite. »

« 4° Au sujet de la construction des écoles dans la ville, je passe main-
« tenant aux questions d'un ordre plus élevé.

« Déjà, à plusieurs reprises, votre commission a eu l'honneur de vous
« entretenir de la création d'une école communale établie au centre de la
« ville sur un vaste emplacement choisi à cet effet, construite conformé-
« ment aux plans, devis et indications fournies par le Ministre de l'instruc-
« tion publique, capable de contenir de cinq à six cents élèves, divisés en
« quatre classes et tenue par des INSTITUTEURS |LAIQUES|; le Conseil a
« toujours accueilli avec la même faveur ces communications. Les propo-
« sitions de la Commission ont été adoptées, mais rien n'a *encore été fait*
« *pour en préparer la réalisation.* »

Le rapporteur développe ensuite les voies et moyens pour atteindre
promptement le but et reçoit l'approbation du Conseil. C'est une école à
fonder à six mètres de distance des murs de l'église cathédrale.

Par ce qui précède, on voit le chemin qu'a déjà parcouru le Conseil, et
on se demande si, après avoir substitué partout les écoles laïques aux
écoles congréganistes, on n'en tirera pas la conséquence par une réforme
radicale dans le programme des études : la suppression de l'enseignement
religieux, en se tenant purement à *la morale sociale* de M. Bertholon.

M. le rapporteur, qui s'étend sur le respect des droits de la conscience, n'a pas ce même respect pour les lois de sa patrie, dont il invoque celles ou parties de celles qui favorisent son système et laisse dans l'ombre celles qui lui sont contraires.

Ainsi, aux termes de l'art. 15 de la loi de 1850, c'est le Conseil académique qui, sur l'avis des conseils municipaux et des *délégués cantonaux*, fixe le taux de la rétribution scolaire. Ici, quand, en 1859, la rétribution scolaire fut établie, l'académie n'intervint pas dans sa fixation. Les comités cantonaux n'existent pas, bien que l'arrêté ministériel du 9 septembre-3 octobre 1846 les ait prescrits.

Aux termes de l'art. 23 de la loi de 1850, l'enseignement moral et religieux prend la tête. Et on voudrait ouvrir ici de vastes écoles dans lesquelles l'enseignement religieux serait prohibé; violer les lois organiques de la métropole dont on invoque aujourd'hui quelques dispositions pour le besoin d'une thèse, en taisant celles qui lui sont contraires!

En donnant la préférence exclusive aux instituteurs laïques, c'est le premier pas dans la suppression de l'enseignement religieux, en le prohibant des livres classiques. Voilà où on en veut venir; l'avenir nous l'apprendra.

Par l'art. 36, dans les communes où les différents cultes sont professés publiquement, *des écoles séparées* sont établies pour les enfants appartenant à chacun de ces cultes (sauf ce qui est dit à l'article 15 concernant les cultes mixtes).

Et pourquoi cette tendance non dissimulée qui porte le Conseil à retrancher de l'enseignement de la première enfance, l'enseignement religieux, alors que chaque culte a des écoles? Pourquoi cette violence au droit sacré de la famille? Voudrait-on faire revivre certaines lois de Sparte mortes et bien mortes?

On ne parle pas des comités de surveillance des écoles; on s'en garde bien. Nous savons aussi que si on vient à former ces comités, on peut s'attendre que là où les maires seront hostiles à l'enseignement religieux, on se gardera bien de porter sur les listes des membres qui lui seraient favorables.

Voyons ce qu'en dit l'article 44 :

« Les autorités locales préposées à la surveillance et à la direction morale
« de l'enseignement primaire, sont pour chaque école, le Maire, le Curé,
« le pasteur ou le délégué du culte israélite, et, dans les communes de deux
« mille âmes et au-dessus, un ou plusieurs habitants de la Commune, délé-
« gués par le Conseil académique. — Les ministres des différents cultes
« sont spécialement chargés de surveiller l'enseignement religieux de
« l'école. L'entrée de l'école lui est toujours ouverte. — Dans les Com-
« munes où il existe des écoles mixtes, un ministre de chaque culte aura
« toujours l'entrée de l'école pour veiller à l'éducation religieuse des enfants
« de son culte. — Lorsqu'il y a pour chaque culte des écoles séparées, les
« enfants d'un culte ne doivent être admis dans l'école d'un autre culte
« que sur la volonté formellement exprimée par les parents (1).

---

(1) Ainsi que nous l'avons vu dans l'externat libre des dames Foin, rue Napoléon, en 1860, qui recevait 11 filles israélites. Mme la directrice objectant au rabbin que, pendant la prière d'entrée et de sortie, elle se verrait obligée d'éloigner les israélites, il lui répondit : « *Nullement, je ne crains pas qu'elles entendent la prière des chrétiens.* »

« Le maire dresse chaque année, de concert avec les ministres des dif-
« férents cultes, la liste des enfants qui doivent être admis gratuitement
« dans les écoles publiques. Cette liste est approuvée par le conseil muni-
« cipal et définitivement arrêtée par le préfet. »

Ici, jamais encore les ministres des cultes ne sont intervenus dans cette
classification.

Et vous, Messieurs du Conseil, quand vous aurez substitué aux écoles
catholiques toutes vos écoles mixtes, pousserez-vous le respect des familles
jusqu'à aller leur demander si elles consentent à faire enseigner la néga-
tion de Dieu, sous le nom de *morale sociale*; car il faudra bien supprimer
ce nom des livres? Non !

Un jour, c'était en 1859, le maire recevant une visite de Mgr Pavy d'heu-
reuse mémoire, qui lui demandait à la charge de la commune les frais
d'entretien de plusieurs gros noyaux d'écoles qu'il venait de fonder,
observait à Sa Grandeur, que l'ouverture de ces écoles n'aurait pas dû
avoir lieu sans son initiative ou au moins son sentiment. « *C'est juste*, répond
« *Monseigneur; si, vous, maire, vous vous étiez enquis des besoins des circons-*
« *criptions de votre commune entièrement privées de moyens d'instruction,*
« *telles que celles de Saint-Eugène et de la Bouzaréah, vous m'auriez épargné les*
« *peines et les charges que je me suis données dans l'intérêt des âmes de tant*
« *d'enfants qui croupissent dans l'ignorance et l'abandon. Après Saint-Eugène,*
« *j'ai loué au cœur de la Bouzaréah, si escarpée, un local où j'ai envoyé trois*
« *sœurs qui déjà enseignent à soixante enfants, et vous me blâmeriez! J'ai fait*
« *la moitié de votre besogne, c'est à vous de faire l'autre.* »

Dans sa séance du 27 mars 1869, le conseil, sur le rapport de la commission, a élevé de 2,000 à 2,500 fr. le traitement des instituteurs laïques
qu'on a obligés d'ouvrir des cours du soir à l'instar des frères qui, eux, ont
ouvert d'eux-mêmes les cours depuis quinze ans et qu'on laisse au traitement de 750 fr. C'est le troisième accroissement depuis 1858; accroissements
toujours motivés sur le renchérissement de toutes choses. *Est-ce juste?*
Est-ce là la morale sociale que vous voulez enseigner à nos enfants? Deux poids
et deux mesures. Et vous parlez de liberté et ne savez pas être justes.
Liberté pour vous, oui! et oppression pour les autres. Que Dieu nous
préserve d'une longue durée de ces *libres penseurs!*

Pour continuer fructueusement cette étude, il ne faudrait pas scinder les
écoles des cultes qui y sont étroitement unis si on veut bien se convaincre
de l'antipathie du conseil actuel, je dirai plus, de sa haine à l'endroit du
catholicisme et de ses écoles : il faut suivre les délibérations insérées au
Moniteur de l'Algérie, qu'on a bien voulu, et non sans cause, livrer à la
publicité.

Savoir :

Session de novembre 1867. — Sommaire : 3° adoption, sur le rapport de
la commission des écoles, *du principe d'écoles essentiellement laïques, sans
distinction de culte, et pour la construction aussi prompte que possible des bâtiments d'écoles.* (Cette séance n'a point été insérée au *Moniteur;* on la trou-
verait dans le *Courrier.*)

1868. —   30 août,   n° 202. Vote du budget, chapitre : *Cultes;*
        13 et 15 septembre, n⁰ˢ 215 et 216. — *Ecoles;*
        24 et 25   —   n⁰ˢ 224 et 225. — Eglise de la Bouzaréah ;

Conclusion.

De tout ce que nous venons de voir, un moyen terme pourrait être pris qui satisferait les *libres penseurs*.

Des écoles primaires d'un degré supérieur pour les adolescents, dans lesquelles on enseignerait au point de vue pratique de ce qui est nécessaire à l'homme, en vue de la profession qu'il pourra exercer, mais sans enseignement moral ni religieux, nous le comprendrions. De même, des cours du soir au même point de vue, même pédagogique. Enlever l'enfant à la tutelle morale de sa famille, c'est lui faire violence : on n'en a pas le droit.

CULTES.

Les cultes étant étroitement unis au premier enseignement de l'enfance, il ne sera pas de trop d'en parler ici.

A son avénement, le nouveau conseil, ayant trouvé la situation financière plus que précaire, puis le budget se soldait avec un déficit de 80,000 fr., a dû de toute nécessité rechercher les voies et moyens de couvrir un déficit de plus en plus croissant, au rebours des recettes.

L'intérêt et l'amortissement d'emprunts de deux millions en grande partie absorbés par l'ouverture de deux grandes artères, les rues Napoléon et Randon, qui n'ont pas rendu tout ce qu'on espérait; des pavages et égouts à ouvrir, des recherches d'eaux à faire et réservoirs à construire, en présence d'épidémies successives; des écoles à améliorer, un abattoir à construire, un surcroît d'éclairage, d'arrosage et nettoyage de voirie, en regard des revenus diminuant de jour en jour, d'année en année, à la suite et comme solidarité de tant de calamités qui ont fondu sur le pays, ont fait un devoir impérieux d'économies sur diverses branches du service. *Une seule en a été épargnée : le théâtre, qui n'est pas une dépense obligatoire.* Les plus fortement atteintes sont : le personnel administratif extérieur (c'est le plus méritant) par des licenciements; et les subventions aux cultes, considérablement réduites. Les cultes musulman et israélite n'ont pas été atteints et ne pouvaient guère l'être. D'ailleurs le premier ne relève pas entièrement de la commune; fort peu le culte protestant, beaucoup le culte catholique, dont les subventions, au total de 30,000 fr., ont été réduites à 15,000, au budget de 1869.

Ces réductions ont été sensibles aux fabriques, surtout à celles qui ont des vicaires *non rétribués par l'État*. Elles n'en ont pas moins continué à présenter leurs budgets aux chiffres ordinaires, faisant ressortir des déficits bien caractérisés. Celui de l'église métropolitaine a donné lieu à d'amères critiques dans le Conseil, d'autant plus que son caractère étant mixte, une division qui n'a pas encore eu lieu semble juste. Ces critiques n'ont pas donné une solution satisfaisante. On a été jusqu'à critiquer *dérisoirement* la quantité de vin consommée aux messes pour la consécration du corps de Notre-Seigneur. La subvention totale de cette paroisse, qui, à proprement parler, ne l'est qu'à demi, a été entièrement retranchée, faute, a-t-on dit, de justification d'emploi, conformément au décret du 30 décembre 1809. Puis, réintégrations partielles par décision supérieure; et finalement à cette heure, on est en instance de pourvoi en conseil d'État et conflit déplorable bien caractérisé entre les deux pouvoirs.

Les délibérations du Conseil, trop longues à reproduire ici, accusent un antagonisme fâcheux. Si le Conseil est fondé à faire reporter la plus grande partie des besoins de cette église à la charge du département, il l'est moins dans celle qui semble incomber à la commune. Il ne voit pas assez qu'il en est de la pompe d'une basilique comme de la demeure d'un maire d'une ville capitale d'un grand pays, comparé à celui d'une bourgade.

On se récrie contre le personnel dont on trouve les salaires trop élevés, sans faire de comparaison avec celui des administrations. On voit une poutre dans l'œil de son voisin, on ne voit pas la paille du sien. Par l'amertume, je dirai plus, l'indécence de la critique, il semble qu'aucun n'a pratiqué les églises (1).

Mais c'est surtout le rapport et le pourvoi en Conseil d'Etat qui décèlent la satisfaction d'un triomphe anticipé et une ironie peu ordinaire dans une matière aussi délicate. On y trouve un défi jeté à la fabrique (*sic*) de pouvoir justifier de ses comptes (2).

Et on ne semble pas s'apercevoir d'une grosse hérésie de droit administratif, qui fera nécessairement rejeter le pourvoi, au moins quant à sa forme.

Indépendamment du compte rendu du budget expiré et de celui préparé pour l'exercice prochain qu'il a en mains, le Conseil insiste pour que la

(1) Séance du 17 octobre 1868. *Moniteur*, 13 mars 1859. — Séance 3 décembre 1868. *Moniteur*, 21 mars 1869.

(2) Séance, 27 mars 1869. *Moniteur*, 21 mai 1869.

fabrique produise à l'appui les pièces probantes de détail des recettes et
dépenses, le débiteur ayant, dit-il, le droit et le devoir d'examiner les titres
de son créancier ; exigence à laquelle la fabrique n'obtempère pas ; elle
garde le silence, et pourquoi ? C'est qu'au fond comme en la forme, il y a
une question de dignité qu'on oublie et que comprenaient si bien le grand
ministre Portalis et le non moins grand homme auquel il s'adressait.

On cite bien nombre de textes de lois, ordonnances et décisions en faveur
des municipalités, mais on tait l'article 4 du décret du 30 décembre 1809,
sur les fabriques et les bureaux de marguilliers, ainsi conçu :

« *De plus, seront membres du Conseil :*

« *1° Le curé ou desservant, qui y aura la première place, et pourra s'y faire*
« *remplacer par un de ses vicaires ;*

« *2° Le maire de la commune, du chef-lieu de la cure ou succursale ; il pourra*
« *s'y faire remplacer par l'un de ses adjoints. Si le maire n'est pas catholique, il*
« *devra se substituer un adjoint qui le soit, ou, à défaut, un membre du Conseil*
« *municipal, catholique. Le maire sera placé à la gauche et le curé ou desservant*
« *à la droite du président.* »

Pourquoi la présence du maire ? sinon, pour entendre, examiner et critiquer s'il y a lieu l'économie du budget. Il est le représentant du Conseil
municipal, l'organe le plus impartial pour l'éclairer sur les besoins de la
fabrique.

Et par la fixation du jour de Quasimodo qui est le dimanche qui suit celui
de Pâques, on veut que le maire soit éclairé assez à temps pour pouvoir
élaborer le budget qu'il doit soumettre à l'examen et discussion de son
Conseil, pour l'exercice suivant, en y faisant entrer le chapitre de la fabrique.
Sa présence au sein de la fabrique n'a pas et ne peut pas avoir d'autre
objet.

Et quant à Alger, toutes les fabriques, chacune pour son compte, invitent
le maire à remplir le vœu de la loi, et qu'il n'y défère pas, qu'il garde un
silence absolu avec absence d'un délégué, c'est qu'il n'en veut pas connaître, et qu'il accepte de confiance. Cet état de choses qui dure depuis
tant d'années, en regard des récentes discussions du Conseil, n'est-il pas la
marque de dédain ou mépris de la prérogative et même d'un devoir que
lui impose la loi ; un mépris envers le culte catholique qu'on veut humilier
en traduisant à sa barre ses représentants légaux ? Le défi qu'on jette à la
fabrique et qu'on rencontre dans le texte du pourvoi (1), n'est-il pas une

(1) « Le Consistoire a fait parvenir ses comptes au Conseil. Il résulte de l'état
« transmis, que les seules recettes consistent dans la subvention de la Commune
« et que la Commune doit entretenir jusqu'aux chaises dont le public se sert. La
« commission ne peut accepter que les fidèles protestants ne fassent rien pour
« subvenir aux dépenses du culte ; elle propose de réduire la subvention à
« 1500 fr. (c'est la moitié).

« Relativement au culte protestant, un membre exprime son étonnement que la
« seule recette sur laquelle le Consistoire compte pour célébrer le culte soit la
« subvention de la Commune, et ne peut nullement accepter une telle situation. Il
« appartient aux fidèles de subvenir, autant que possible, aux dépenses de leur
« culte, et que ce n'est qu'en cas d'insuffisance constatée que la subvention est
« due. Que les quêtes ou location des chaises seraient inutiles dans le templ- ien
« de mieux ; mais il est d'autres manières de subvenir aux dépenses du culte, et
« le culte protestant ne peut avoir la prétention de ne devoir sa célébration

preuve de l'humiliation qu'on voudrait infliger. Ah ! le grand Portalis, lui, connaissait les besoins et les aspirations du peuple français; il savait le cas qu'on pouvait faire de la *morale prétendue sociale !*

Quand le budget de 1869 fut présenté et discuté, le chapitre des cultes dut subir une diminution quasi forcée de moitié. Celui des protestants donna lieu à réclamation et ultérieurement, fut porté à 2,500.

Il n'en a point été de même pour le culte catholique.

Examinons la répartition proportionnelle des deux cultes :

Population catholique : 40,000; — protestante, 2,000 tout au plus.

Ancienne subvention { catholique, — 30,000 fr.; protestante, — 2,000 fr.

C'était pour les catholiques, 0,75 par tête;
        pour les protestants, 1,50.

On trouve le culte catholique écrasant de pompe, le casuel considérable, les quêtes modestes et pourtant fructueuses ainsi que les locations des chaises. Et pourquoi donc le culte protestant, beaucoup plus simple, dénué d'ornements, etc. ne saurait-il se suffire ! C'est alors qu'il a moins de besoins qu'on lui donne plus; c'est une anomalie. Il n'a pas à subir les insultes ou haines sourdes ou avouées qui poursuivent le culte catholique.

AVRIL 1870 .

Pompes funèbres. — Revendication par les Fabriques du produit des pompes funèbres. (Séance du 27 mars 1869, Moniteur du 22 mai 1869.

Le rapporteur s'attache en termes qui ne manquent pas de convenance à repousser l'idée qu'on a peut-être eue d'attribuer à la municipalité une pensée de lucre préjudiciable aux fabriques, dans ce qu'elle a fait pour réglementer ce service. L'historique repose sur le vrai des difficultés qu'il a fallu vaincre pour arriver à un résultat satisfaisant.

« La sollicitude de M. le maire, en 1860, dit le rapporteur, eut un meil-
« leur résultat. Le conseil municipal se mit résolûment à l'œuvre et l'entre-
« prise des pompes funèbres fut mise en adjudication au mois de juillet 1862.
« Mais à cet égard, ce qu'il importe de remarquer, c'est que l'administra-
« tion municipale était si peu désireuse de se créer à cette époque une
« source de revenus, et surtout aux dépens des fabriques, qu'elle se montra
« au contraire très-désintéressée, et que, par un article du cahier des
« charges par elle consenti, il fut stipulé que le rabais offert par les entre-

« qu'aux libéralités d'une ville qui doit se refuser les choses les plus indispensables
« pour la sécurité et la salubrité des habitants.
« Le Conseil approuve les réductions proposées. »

Ultérieurement, les fabriques, en l'absence du Maire, ne paraissant pas à l'établissement de leur buget, offrirent de lui envoyer les registres pour être soumis
à son examen.

« preneurs serait attribué aux familles, qui profitèrent ainsi de 14 du 0/0
« sur les prix établis. »

La commune était seule capable de réglementer et se charger de ce service, les fabriques ne l'eussent pu faire alors. Quoi qu'il en soit, Monseigneur voulant, à bon droit, faire rentrer ce service dans ses voies normales, le revendiqua, après avoir pris l'avis des conseils des fabriques réunies, et par suite, la commune a dû s'en dessaisir, ou pour mieux dire, s'en débarrasser; sauf réserve de ses droits (art. 4, séance du 26 juin, *Moniteur*, n° 169, 22 juillet 1869).

Puis, une convention a été signée, toujours sous la réserve de ses droits, au nom desquels elle a entendu faire reprise du produit des pompes funèbres, par déduction des subventions, de manière à laisser intact l'équilibre de son budget. Par cette restriction, d'ailleurs prévue par certains membres des fabriques, elles n'ont rien gagné à la chose, sinon l'embarras d'administrer avec un contrôle insuffisant, et bientôt de nombreux déficits de fin d'année se sont révélés.

Enfin, après règlement des comptes de 1869, les subventions cessent et les fabriques, qui désormais ne pourraient se suffire, devront en justifier, et la commune statuera.

Sans doute que les fabriques sont entrées dans une voie régulière, mais pleine de tracasseries, de difficultés incessantes pour pouvoir satisfaire opportunément à leurs besoins. Elles auront aussi à se montrer plus sévères dans l'établissement de leurs budgets, que la commune aura à examiner scrupuleusement et non plus à les considérer comme des fantaisies à repousser avec dédain.

Sous l'empire des anciens conseils nommés par l'autorité, il était établi, une fois pour toutes, que 30,000 francs étaient nécessaires pour parfaire aux besoins du culte catholique. La répartition par paroisse avait lieu sur une simple indication de l'évêque, et aucune difficulté n'en était advenue.

Mais, à partir de l'élection populaire de 1867, un tout autre esprit va gouverner, qui, sous l'apparence spécieuse du bien public, n'est au fond qu'une guerre déclarée à l'enseignement catholique, en attendant la réalisation de ses vœux : *la séparation de l'Eglise de l'Etat*, qui est le but que poursuit par tous les moyens le néocatholicisme. Les élus ne s'inspirent pas de l'état et des besoins réels du pays, mais de leurs passions. On ne peut méconnaître que les hommes que les événements politiques ont jetés en ce pays y ont déteint singulièrement et sont puissants d'énergie et d'audace.

Nous allons clore ces réflexions par le texte d'une lettre du bureau des marguilliers d'une fabrique à son président, qui reflète surabondamment cette situation.

Alger, 30 octobre 1869.

Rapport du bureau des Marguilliers de la paroisse de Saint-Augustin d'Alger, à M. le marquis de Saint-Paulet, président du Conseil.

Monsieur le Président,

« Votre retour était attendu anxieusement, et nous avons l'honneur de vous informer que Monseigneur l'Archevêque ayant réuni en assemblée générale des fabriques des diverses paroisses de la commune d'Alger, le dimanche 17 courant, il leur a annoncé la remise faite par la municipalité, du bénéfice du service des Pompes funèbres, pour prendre date du premier dudit mois, et par suite, Sa Grandeur a donné des instructions pour le fonctionnement du syndicat à ce préposé.

« Mais cette remise n'améliore pas la situation, attendu que, par l'acte de cession par les parties, approuvé par le conseil municipal, séance du 26 juin 1869, par l'article 4, il est expressément convenu que l'abandon fait par M. le Maire n'a lieu que sous toutes réserves de sa part, en ce qui touche l'imputation à faire éventuellement sur le montant de la subvention qui est ou pourra être définitivement allouée (*Moniteur*, 5 août). Avec faculté de reprendre d'une main ce qu'elle cède de l'autre, la situation des fabriques n'est point améliorée.

« En second lieu, les subventions ayant été considérablement réduites et des deux tiers pour Saint-Augustin, plusieurs se trouvent en déficit, telle est la nôtre. Elles sont appelées à délibérer sur leur situation critique, rechercher les moyens propres à en sortir. Sa Grandeur les convie à adresser leurs demandes, soit à M. le Maire, soit à elle-même, comme étant leur tutrice légale, et elle pense que la commune, ayant perçu au préjudice des fabriques, le produit de ce service, du 1er juillet 1868 au 30 septembre 1869, période de quinze mois, elle n'est plus fondée en droit à en rester détentrice. Il a été perçu près de 12,000 fr. ; mais que, pour le moment, les fabriques obérées peuvent simplement se borner à demander le comblement de leur déficit à la date du 1er octobre.

« Or, Monsieur le Président, par l'arrêté des comptes de l'exercice courant fait à la susdite date où la commune s'est dessaisie du bénéfice des inhumations, le déficit pour notre paroisse est de 437 fr. 77 cent.

« Il est à remarquer que, s'il n'est pas plus élevé, les causes en sont dues :

« 1° A l'emploi forcé depuis plusieurs mois, du produit des quêtes destinées à l'érection d'une église ;

« 2° A la suppression forcée de la maîtrise, qui, pour être rétablie, nécessite une dépense annuelle d'un millier de francs ;

« 3° Au non-renouvellement du linge à classer presque en totalité hors de service.

« Ainsi la commune, en comblant par une nouvelle subvention le déficit constaté au 1er octobre, n'en laissera pas moins s'en reformer un autre, si elle reprend de sa subvention l'équivalent des pompes funèbres.

« M. le Curé vous exposera la pénurie de la paroisse.

« Le linge usé, point de maîtrise, point d'enfants de chœur à pouvoir faire instruire ; impossibilité de faire le service du culte avec dignité et décence ; une inhumation de première classe ne pourrait pas être donnée.

« Et pourtant, le budget présenté en mai 1868, pour l'exercice 1869, se balance par un déficit de 3,535 fr. demandés à la commune. Nous ne sachons pas qu'il ait été critiqué autrement que par une réduction de 2,000 fr. sur la subvention de 3,000 fr. sans que la fabrique *ait été mise en demeure d'exposer ses doléances*. Quoi qu'il en soit, il a été approuvé tel, et c'est sur la foi d'une approbation tacite qui a le caractère synallagmatique, que la paroisse a vécu et dont elle est loin d'avoir abusé.

« La situation se résume ainsi :

« 1° Un vicaire à la charge de la fabrique, alors qu'il devrait être entretenu sur le budget de l'État ;

« 2° Une maîtrise indispensable à reformer ;

« 3° La lingerie à renouveler entièrement,

« 4° Et le déficit existant à couvrir.

« Pour satisfaire à ces besoins, ce ne serait pas trop que de rétablir d'urgence l'ancienne subvention de 3,000 fr.

« Ici nous nous permettrons de présenter quelques considérations :

« Le recensement de la population de la commune d'Alger fait en 1866 donne plus de 43,000 chrétiens, si on y comprend la population flottante, dont 41,000 catholiques et près de 2,000 protestants (1).

« Sur 41,000 catholiques, répartis en 10 paroisses, celle de Saint-Augustin, qui prend le troisième rang, en peut bien compter 7,000 ; c'est presque le sixième, et, pour une paroisse de cette importance, un second vicaire est de toute nécessité. Classée au budget de l'Etat, la fabrique aurait peu à demander à la commune, tout au plus la continuation de la subvention de 1,000 fr. sans porter atteinte au produit des inhumations. Mais, tant que Sa Grandeur n'aura pas obtenu ce résultat, de toute nécessité la commune devra nous venir en aide.

« Alors que le culte catholique était subventionné de 30,000 fr., le culte protestant l'était de 3,000. C'était, pour le premier, 75 cent. par tête, et pour le second, 1 fr. 50 cent.; proportion comme de un à deux.

« Sur le budget de 1869, la réduction a été de moitié pour un culte comme pour l'autre; mais, sur les doléances du culte protestant, il a été porté à 2,500. Tout semble indiquer que la répartition des subventions a été faite arbitrairement et non au prorata des besoins ressortant des budgets paroissiaux, budgets qui n'ont point été critiqués. La commune, qui a su reconnaître le bon droit du culte protestant, ne pourrait-elle pas aussi reconnaître celui des catholiques ?

« En ce qui concerne Saint-Augustin, l'affectation aux besoins courants des quêtes destinées à l'érection d'une église, prolongera d'autant la location au prix de 8,000 fr. de l'église provisoire, qu'elle retardera la construction d'une qui ne sera pas à sa charge ou de beaucoup moins.

« Ce n'est pas un don qu'on lui demande ; c'est au titre d'un droit reconnu par la loi ; c'est une dépense obligatoire et classée ainsi au budget. Ses édiles ne pourraient-ils pas se dire comme leurs devanciers : « *Nous,* « *dépositaires des deniers des contribuables, nous qui tenons les cordons de la* « *bourse, nous devons l'ouvrir pour les besoins légitimes et la fermer pour des* « *superfluités ?* »

« Les consciences catholiques, Monsieur le Président, sont attristées; elles sont froissées dans leurs sentiments les plus intimes, de la parcimonie qui préside à la distribution des moyens de satisfaire aux besoins les plus urgents de leur culte.

« En conséquence, le bureau des marguilliers vous prie de vouloir bien réunir au plus tôt le conseil pour délibérer sur la situation.

« Recevez, Monsieur le Président, l'expression de notre parfaite considération.

Signé : RIAN, *Curé,* VAROT, *Trésorier,* et LAMY, *Président Rapporteur.*

(1) Recensement de 1866, pour toute l'Algérie, non compris la population flottante : catholiques 211,195; protestants 5,002. (*Moniteur,* 9 février 1867, n° 34.)

Municipalité d'Alger. — Élection du 26 mai 1867.

MM. SARLANDE,	*Maire*, Alger.	Propriétaire, maire sortant
ROBE,	*Adjoint*, Alger.	Propriétaire, défenseur.
LAIR,	— —	Propriétaire, chef du service télégraphique en retraite.
HENRI,	— —	Président de la Chambre du commerce.
BERTHOLON,	*Conseiller*, Alger.	Propriétaire et publiciste, président de la Loge.
MARCHESSAUX,	— —	Ingénieur civil.
DRU,	— —	Médecin.
VILLENAVE,	— —	Entrepreneur.
VATONNE,	— —	Ingénieur des mines.
JOLY,	— —	Avocat.
MARION,	— —	Président de chambre de la Cour impériale.
ROBINOT, BERTRAND,	*Adjoint*, Moustapha.	Architecte.
BARON DESFORGE,	*Conseiller* —	Propriétaire, ancien officier démissionnaire.
MORIN,	*Adjoint*, Elbiar.	Propriétaire.
COUDRAY,	— Bouzaréah.	Officier supérieur, en retraite.
BELLETÊTE,	— Pointe-Pescade.	Greffier de justice de paix.
ALCANTARA, *Conseiller*, Espagnol, Alger.		Médecin, au titre étranger.
MONJO,	— — —	Négociant, au titre étranger.
GARO (Modeste), —	Italien, — —	
LEVIBRAM,	— Israélite, —	— au titre indigène, israélite.
COHEN SOLAL, —	— — —	
ET TROIS MUSULMANS, *Conseillers*, —		Propriétaires au titre indigène musulman.

Total 24

Par le tableau ci-dessus de la municipalité élue par le suffrage universel, on voit que, pour les Européens, il est composé de notables respectables et d'aptitudes variées ; mais, tous sont néocatholiques et indifférents à toute espèce de culte. Libres penseurs et au plus déistes, leur morale ne repose que sur la révélation de la conscience et non sur le surnaturel, par l'apparition directe de Dieu aux hommes.

Il est à craindre que les élections subséquentes se complètent par des transportés politiques ardents, qui donneront le signal des persécutions religieuses ; l'impiété suit rationnellement sa marche descendante. D'abord fixée aux régions les plus hautes, elle descend aux plus basses.

Qu'un de ces grands événements qui bouleversent les empires, que Dieu seul tient dans sa main, surgisse, la société aura à subir une grande expiation. Ce n'est pas à dire que tous mourront dans l'impénitence finale ; mais le mal qu'ils auraient pu empêcher n'en aura pas moins été fait.

PARIS. — IMP. JULES LE CLÈRE ET Cⁱᵉ, RUE CASSETTE, 29.